Rédactrice
Lorin Klistoff, M.A.

Directrice de la rédaction
Karen Goldfluss, M.S. Éd.

Rédactrice en chef
Sharon Coan, M.S. Éd.

Illustration de la couverture
Barb Lorseyedi

Direction artistique
CJae Froshay

Coordination artistique
Kevin Barnes

Imagerie
Alfred Lau
James Edward Grace
Rosa C. See

Chef de produit
Phil Garcia

Éditrice
Mary D. Smith, M.S. Éd.

de problèmes

2e année

Auteurs
Le personnel de Teacher Created Resources
Texte français de Martine Faubert

ISBN 978-0-545-99111-7
Copyright © Teacher Created Resources, Inc., 2002.
Copyright © Éditions Scholastic, 2008, pour le texte français.
Tous droits réservés.

Titre original: Practice Makes Perfect – Word Problems Grade 2

Édition publiée par les Éditions Scholastic, 604, rue King Ouest, Toronto (Ontario) M5V 1E1,
avec la permission de Teacher Created Resources, Inc.

5 4 3 2 1   Imprimé aux États-Unis   08 09 10 11 12

Table des matières

Introduction

« C'est en forgeant qu'on devient forgeron. » On ne peut dire mieux, quand il s'agit des apprentissages que votre enfant doit faire à l'âge scolaire. Plus il fera d'exercices servant de compléments aux notions acquises à l'école, mieux il assimilera ces dernières. Il est donc important pour vous de savoir comment l'aider et d'avoir à votre disposition le matériel nécessaire. Il faut également que vous connaissiez les aspects sur lesquels insister si vous voulez que l'aide apportée à votre enfant lui soit bénéfique.

Ce cahier d'exercices a été conçu pour les parents désireux d'accompagner les enfants dans leurs apprentissages de base. Il permet de passer en revue les notions de mathématiques de base apprises en 2e année du primaire et il traite plus précisément des problèmes de mathématiques mis en mots. Comme il serait impossible de traiter dans un seul cahier de tous les concepts appris en 2e année, l'accent a été mis sur les notions ci-dessous, dont les exercices proposés favoriseront l'assimilation. Ce sont des notions de base généralement communes à tous les programmes d'enseignement de ce niveau. (Veuillez vous reporter à la table des matières pour connaître l'objectif visé par chacun des exercices.)

- Additions et soustractions jusqu'à 10
- Additions et soustractions jusqu'à 14
- Additions et soustractions jusqu'à 18
- Additions de trois nombres
- Additions et soustractions de dizaines sans retenues
- Additions et soustractions de dizaines avec retenues

- Multiplications
- Fractions
- L'heure et l'argent
- Plus grand que et plus petit que
- Ligne numérique
- Informations pertinentes et non pertinentes
- Identification des centaines, dizaines et unités

Ce cahier comporte 36 exercices, à raison d'un exercice par page, allant des notions les plus simples aux plus complexes. Pour corriger les exercices, reportez-vous au corrigé des pages 47 et 48. Les exercices sont suivis de six exercices de révision comportant des problèmes à réponses multiples, afin de préparer l'enfant à ce type de formulation, très courant dans les examens ministériels. L'enfant devra reporter ses réponses sur la feuille-réponse de la page 46, en noircissant la lettre appropriée. Ensuite, à l'aide du corrigé des pages 47 et 48, vous pourrez corriger les exercices de révision, de même que les exercices progressifs qui les précèdent.

Quelques conseils

Voici quelques stratégies qui vous permettront de tirer le meilleur parti possible de ce cahier d'exercices.

- Choisissez un endroit précis de la maison où votre enfant devra s'installer pour faire les exercices. Veillez à ce que tout y soit bien rangé, avec le matériel nécessaire à portée de la main.

- Déterminez un moment précis de la journée où il devra faire ses exercices afin de l'aider à fournir un travail régulier. Si ce n'est pas possible, essayez de trouver dans vos journées ou vos semaines des moments calmes, plus propices à un travail de réflexion.

- Veillez à ce que chaque séance de travail se déroule de façon constructive et positive. Si vous sentez que l'atmosphère devient tendue et que vous ou votre enfant devenez irritables, suspendez la séance et reportez la suite à un moment plus propice. Il est préférable de ne pas forcer l'enfant à travailler. Le cahier ne doit pas non plus être utilisé dans le but de le punir.

- Au besoin, aidez votre enfant. S'il éprouve de la difficulté devant un exercice donné, montrez-lui comment il doit s'y prendre en faisant le premier problème avec lui.

- Corrigez les exercices au fur et à mesure que votre enfant les termine. Cela l'aidera à mieux assimiler les notions.

- Laissez votre enfant écrire avec le genre de crayon qu'il préfère. Les exercices lui sembleront peut-être plus agréables s'il utilise des crayons de couleur, par exemple.

- Essayez de détecter les notions sur lesquelles votre enfant bute. Donnez-lui alors le soutien nécessaire ainsi que des exercices supplémentaires sur ces notions. Encouragez-le à avoir recours à des supports visuels. Le dessin ou la manipulation d'objets, comme des pièces de monnaie, des réglettes, des jetons ou des cartes, peuvent l'aider à mieux comprendre les notions plus complexes.

- Profitez des situations quotidiennes pour mettre en pratique ce qu'il est en train d'apprendre.

Exercice 1

Trouve la solution.

1. Timothée a 8 billes vertes. Il donne 6 billes à son ami Mathieu. Combien de billes reste-t-il à Timothée?

   8 − 6 = ____

   Il reste _____ billes à Timothée.

2. Jocelyne a 2 autocollants. Son père lui donne d'autres autocollants. Elle a maintenant 6 autocollants en tout. Combien son père lui a-t-il donné d'autocollants?

   2 + ____ = 6

   Son père lui a donné _____ autocollants.

3. Oncle Joseph collectionne les chapeaux. Il a 9 chapeaux. Il en donne 7 à son neveu. Combien de chapeaux reste-t-il à oncle Joseph?

   9 − 7 = ____

   Il reste _____ chapeaux à oncle Joseph.

4. Doris a 8 barrettes roses et 1 barrette jaune. Combien de barrettes Doris a-t-elle en tout?

   8 + 1 = ____

   Elle a _____ barrettes en tout.

5. Suzy a trouvé 2 feuilles rouges. Puis elle a trouvé des feuilles brunes. Elle a maintenant 7 feuilles en tout. Combien a-t-elle trouvé de feuilles brunes?

   2 + ____ = 7

   Suzy a trouvé _____ feuilles brunes.

6. Arnaud a cueilli des petites fleurs. Il a aussi cueilli 2 grandes fleurs. Il a maintenant 5 fleurs. Combien Arnaud a-t-il cueilli de petites fleurs?

   2 + ____ = 5

   Arnaud a cueilli _____ petites fleurs.

Exercice 2

Trouve la solution. Montre comment tu t'y es pris.

1. Ma grand-mère a fait 4 gâteaux aux fruits. Ma mère a fait 5 gâteaux aux fruits. Combien ont-elles fait de gâteaux aux fruits en tout?

   Elles ont fait _____ gâteaux aux fruits en tout.

2. Mon papa fait cuire 5 jambons. Mon grand-père fait cuire 4 jambons. Combien de jambons font-ils cuire en tout?

   Ils font cuire _____ jambons en tout.

3. J'ai fait 8 biscuits. Mon amie Mimi a mangé 2 biscuits. Combien de biscuits nous reste-t-il?

   Il nous reste _____ biscuits.

4. Ma maman fait cuire 7 poulets. Mon papa fait cuire 3 poulets. Combien de poulets font-ils cuire en tout?

   Ils font cuire _____ poulets en tout.

5. Hortense a cueilli 7 fraises. Jérémie en a mangé 4. Combien de fraises reste-t-il à Hortense?

   Il reste _____ fraises à Hortense.

6. Christine a cueilli 3 citrons jaunes et 4 citrons verts. Combien Christine a-t-elle cueilli de citrons en tout?

   Christine a cueilli _____ citrons en tout.

Exercice 3 ➷ ➶ ➷ ➶ ➷ ➶ ➷ ➶ ➷ ➶ ➷ ➶ ➷ ➶ ➷ ➶

Trouve la solution. Montre comment tu t'y es pris.

1. Tobi a mangé 5 os au déjeuner et 9 au dîner. Combien d'os Tobi a-t-il mangé en tout?

Il a mangé _____ os en tout.

2. Mon chien Babouche a jappé 8 fois quand le facteur est passé et 3 fois quand le colporteur est passé. Combien de fois Babouche a-t-il jappé en tout?

Babouche a jappé _____ fois en tout.

3. Max a acheté 12 kilos de nourriture pour chiens. Son chien Capi en a mangé 6 kilos. Combien de kilos de nourriture pour chiens reste-t-il à Max?

Il reste _____ kilos de nourriture pour chiens à Max.

4. Le chien a 10 puces sur le dos. Si 2 puces sautent par terre, combien lui reste-t-il de puces sur le dos?

Il reste _____ puces sur le dos du chien.

5. Cyrille a 11 chiens. Il en donne 2. Combien Cyrille a-t-il de chiens maintenant?

Cyrille a _____ chiens, maintenant.

6. La chienne de Jérémie a 14 chiots. Son voisin en adopte 3. Combien reste-t-il de chiots à Jérémie?

Il reste _____ chiots à Jérémie.

Exercice 4

Trouve la solution. Montre comment tu t'y es pris.

1. Geneviève a fabriqué 8 cerfs-volants. Tamara a fabriqué 6 cerfs-volants. Combien ont-elles fabriqué de cerfs-volants en tout?

   Elles ont fabriqué _____ cerfs-volants en tout.

2. Christophe a vu 6 nuages en forme de lion et 9 nuages en forme de tigre. Combien Christophe a-t-il vu de nuages en tout?

   Christophe a vu _____ nuages en tout.

3. Ma sœur et mon frère m'ont donné 13 livres. Ma sœur m'a donné 7 de ces livres. Combien mon frère m'a-t-il donné de livres?

   Mon frère m'a donné _____ livres.

4. Papa a 12 cerfs-volants. Si 7 cerfs-volants sont triangulaires, combien de cerfs-volants ne le sont pas?

   _____ cerfs-volants ne sont pas triangulaires.

5. Il y a 9 pissenlits sur la pelouse de Thomas et 7 sur la pelouse de son voisin. Combien de pissenlits y a-t-il en tout?

   Il y a _____ pissenlits en tout.

6. Denis a marqué 14 points. Il lui faut 18 points pour gagner. Combien de points de plus doit-il marquer pour gagner?

   Il doit marquer _____ points de plus.

Exercice 5 ೨ ೨ ೨ ೨ ೨ ೨ ೨ ೨ ೨ ೨ ೨ ೨ ೨ ೨ ೨ ೨

Encercle la phrase mathématique qui correspond à la bonne réponse.

1. Johanne a fait 12 enchiladas. Son chien en a mangé 6. Combien reste-t-il d'enchiladas?

$$12 - 6 = 6 \qquad 12 + 6 = 18$$

2. Hector a mangé 11 sachets de nachos et 5 bols de chili. Combien Hector a-t-il mangé de choses en tout?

$$11 + 5 = 16 \qquad 11 - 5 = 6$$

3. Rachel a fait 7 tortillas. Sa sœur en a fait 6. Combien ont-elles fait de tortillas en tout?

$$7 - 6 = 1 \qquad 7 + 6 = 13$$

4. Hector a fait 10 enchiladas et 8 tacos. Combien Hector a-t-il fait de choses en tout?

$$10 + 8 = 18 \qquad 10 - 8 = 2$$

5. Hortense a mangé 15 fajitas. Gisèle a mangé 6 fajitas de moins qu'Hortense. Combien Gisèle a-t-elle mangé de fajitas?

$$15 + 6 = 21 \qquad 15 - 6 = 9$$

6. Antoine a mangé 16 poivrons et 3 avocats. Combien Antoine a-t-il mangé de poivrons de plus que d'avocats?

$$16 + 3 = 19 \qquad 16 - 3 = 13$$

Exercice 6

Trouve la solution. Montre comment tu t'y es pris.

1. Pénélope a 2 bagues rouges, 7 bagues vertes et 1 bague blanche. Combien Pénélope a-t-elle de bagues en tout?

   Pénélope a _____ bagues en tout.

2. Christophe a 5 pièces de 1 ¢, 2 pièces de 5 ¢ et 7 pièces de 10 ¢. Combien Christophe a-t-il de pièces de monnaie en tout?

   Christophe a _____ pièces de monnaie en tout.

3. Il y a 13 pucerons sur les roses de Lucas. Il en chasse 8. Combien de pucerons reste-t-il?

   Il reste _____ pucerons.

4. Jonas a planté 18 fleurs dans son jardin. Les sauterelles en ont mangé 9. Combien reste-t-il de fleurs à Jonas?

   Il reste _____ fleurs à Jonas.

5. Geoffroy collectionne les fleurs. Il a 5 roses et 9 fleurs sauvages dans sa collection. Combien Geoffroy a-t-il de fleurs en tout?

   Geoffroy a _____ fleurs en tout.

6. Thomas voit 13 cactus. Si 7 de ces cactus sont en fleurs, combien de cactus ne sont pas en fleurs?

   _____ cactus ne sont pas en fleurs.

Exercice 7 ◐ ◕ ◑ ◕ ◐ ◕ ◑ ◕ ◐ ◕ ◑ ◕ ◐

Trouve la solution. Montre comment tu t'y es pris.

1. Cori a semé 13 graines de carotte. Seulement 5 de ces graines ont germé. Combien de graines n'ont pas germé?

   _____ graines de carotte n'ont pas germé.

2. Raoul a semé 12 graines de courge et 6 graines de tomate. Combien Raoul a-t-il semé de graines en tout?

   Raoul a semé _____ graines en tout.

3. M. Trèfle a cueilli 16 salades. Il donne 9 de ces salades. Combien reste-t-il de salades à M. Trèfle?

   Il reste _____ salades à M. Trèfle.

4. M. Pique a cueilli 15 épis de maïs. Si 6 de ces épis sont infestés d'insectes, combien d'épis ne le sont pas?

   _____ épis ne sont pas infestés d'insectes.

5. Cécile a 14 papillons. Si 8 de ces papillons s'envolent, combien reste-t-il de papillons à Cécile?

   Il reste _____ papillons à Cécile.

6. Katia trouve 10 escargots dans son jardin. Elle en ramasse 5. Combien reste-t-il d'escargots dans le jardin de Katia?

   Il reste _____ escargots dans le jardin de Katia.

Exercice 8 ᗞ ☺ ᗞ ☺ ᗞ ᗞ ☺ ᗞ ☺ ᗞ ☺ ᗞ ☺ ᗞ ᗞ ☺

Trouve la solution. Montre comment tu t'y es pris.

1. Mme Lefebvre met 15 légumes dans sa casserole de soupe. Si 7 de ces légumes sont des oignons, combien de légumes ne sont pas des oignons?

_____ légumes ne sont pas des oignons.

2. M. Tremblay sème 18 graines de radis. Les oiseaux mangent 8 de ces graines. Combien de graines de radis reste-t-il?

Il reste _____ graines de radis.

3. Une troupe de guides part en camping. Si 13 des filles montent le campement et que les 5 autres filles partent en excursion, combien y a-t-il de filles en tout, dans la troupe de guides?

Il y a _____ filles en tout, dans la troupe de guides.

4. Huit garçons s'occupent de préparer le dîner. Les autres montent les tentes. Il y a 14 garçons en tout. Combien de garçons montent les tentes?

_____ garçons montent les tentes.

5. Lise achète 7 jouets pour son oiseau et 9 jouets pour son chien. Combien Lise a-t-elle acheté de jouets pour animaux en tout?

Lise a acheté _____ jouets pour animaux en tout.

6. Anne a 8 poissons jaunes et 7 poissons rouges. Combien de poissons Anne a-t-elle en tout?

Anne a _____ poissons en tout.

Exercice 9

Trouve la solution. Montre comment tu t'y es pris.

1. David a ramassé 8 avirons bleus et 9 avirons dorés. Combien David a-t-il ramassé d'avirons en tout?

   David a ramassé _____ avirons en tout.

2. Mathilde a ramassé 6 petites branches et 9 grosses branches pour faire le feu de camp. Combien Mathilde a-t-elle ramassé de branches en tout?

   Mathilde a ramassé _____ branches en tout.

3. L'équipe des Bleus peint des cailloux. Si 2 de ses 18 membres sont en train de peindre des cailloux, combien de membres ne sont pas en train de peindre des cailloux?

   _____ membres ne sont pas en train de peindre des cailloux.

4. Neuf membres de l'équipe des Rouges fabriquent des ceintures. Cinq membres de l'équipe des Orangés fabriquent aussi des ceintures. Combien de membres fabriquent des ceintures?

   _____ membres fabriquent des ceintures.

5. Les scouts ont 9 douzaines de biscuits. Ils les vendent toutes. Combien de biscuits leur reste-t-il?

   Il leur reste _____ biscuit.

6. Mme Jolicoeur emmène 9 équipiers en excursion. En route, elle en prend 7 de plus. Combien d'équipiers a-t-elle avec elle maintenant?

   Elle a _____ équipiers avec elle, maintenant.

Exercice 10

Trouve la solution. Montre comment tu t'y es pris.

1. Les scouts font griller des guimauves. Ils font brûler 3 guimauves sur 18. Combien de guimauves n'ont pas brûlé?

_____ guimauves n'ont pas brûlé.

2. Au poste de bricolage, 6 scouts ont fabriqué des bracelets et 8 scouts ont fabriqué des chapeaux. Combien ont-ils fabriqué d'objets en tout?

Ils ont fabriqué _____ objets en tout.

3. Les scouts ont vu 5 ours et 9 couguars. Combien ont-ils vu d'animaux en tout?

Ils ont vu _____ animaux en tout.

4. Un des scouts a vendu 7 boîtes de biscuits lundi et 6 boîtes de biscuits mardi. Combien a-t-il vendu de boîtes en tout?

Il a vendu _____ boîtes en tout.

5. Armand trouve 16 boîtes de carton. Il en plie 8. Combien de boîtes ne sont pas pliées?

_____ boîtes ne sont pas pliées.

6. Jamel a 15 cuillères dans la cuisine du campement. Si 3 de ces cuillères tombent par terre, combien en reste-t-il sur la table?

Il reste _____ cuillères sur la table.

Exercice 11

Lis le problème et transcris-le en phrase mathématique dans l'encadré.
Trouve la somme.

1.

Kevin fait une promenade. Il voit 1 grenouille, 3 chats et 5 fleurs. Combien a-t-il vu de choses en tout?

____ + ____ + ____ = ____

2.

Quand Sabine monte dans l'autobus scolaire, il y a déjà 8 garçons et 10 filles dedans. Combien d'enfants y a-t-il en tout dans l'autobus?

____ + ____ + ____ = ____

3.

Jean mange une pizza garnie de 7 champignons, 7 olives et 5 rondelles de pepperoni. Combien de morceaux de garniture y a-t-il sur la pizza en tout?

____ + ____ + ____ = ____

4.

Aujourd'hui au parc, Janie a vu 3 chats, 2 chiens et 5 chiots. Combien a-t-elle vu d'animaux en tout?

____ + ____ + ____ = ____

Exercice 12

Trouve la solution. Montre comment tu t'y es pris.

1. Jacob a 5 livres. Bart a 3 livres. Amélie a 2 livres. Combien de livres ont-ils en tout?

   Ils ont _____ livres en tout.

2. Dans la recette, il entre 1 tasse de farine, 5 tasses de sucre et 1 tasse de lait. Combien de tasses d'ingrédients dois-je utiliser?

   Je dois utiliser _____ tasses d'ingrédients.

3. Brigitte a trouvé 6 coccinelles, 2 sauterelles et 3 papillons. Combien Brigitte a-t-elle trouvé d'insectes en tout?

   Brigitte a trouvé _____ insectes en tout.

4. Il y a 8 corneilles, 1 pinson et 1 merle perchés dans un arbre. Combien d'oiseaux y a-t-il en tout?

   Il y a _____ oiseaux en tout.

5. Rosita a 5 crayons jaunes, 1 crayon rose et 2 crayons verts. Combien de crayons a-t-elle en tout?

   Rosita a _____ crayons en tout.

6. Luc a 4 gants de base-ball, 5 bâtons et 4 uniformes. Combien de pièces d'équipement de base-ball Luc a-t-il en tout?

   Luc a _____ pièces en tout.

Exercice 13 ❧ ❧ ❧ ❧ ❧ ❧ ❧ ❧ ❧ ❧ ❧ ❧ ❧

Trouve la solution.

1. L'éléphant a mangé 50 grosses cacahuètes et 40 petites cacahuètes. Combien l'éléphant a-t-il mangé de cacahuètes?

$$\begin{array}{r} 50 \\ + 40 \\ \hline \end{array}$$

L'éléphant a mangé _____ cacahuètes.

2. Au spectacle du matin, le lion a fait un saut de 20 mètres. Au spectacle du soir, le lion a fait un saut de 12 mètres. Combien le lion a-t-il sauté de mètres en tout?

$$\begin{array}{r} 20 \\ + 12 \\ \hline \end{array}$$

Le lion a sauté _____ mètres en tout.

3. Un spectacle de puces savantes a 95 puces. 60 de ces puces se sauvent. Combien reste-t-il de puces savantes?

$$\begin{array}{r} 95 \\ - 60 \\ \hline \end{array}$$

Il reste _____ puces savantes.

4. Les singes ont mangé 35 bananes le matin et 20 bananes le soir. Combien ont-ils mangé de bananes en tout?

$$\begin{array}{r} 35 \\ + 20 \\ \hline \end{array}$$

Les singes ont mangé _____ bananes en tout.

5. Le tigre a 85 rayures. Le zèbre a 30 rayures de moins que le tigre. Combien le zèbre a-t-il de rayures?

$$\begin{array}{r} 85 \\ - 30 \\ \hline \end{array}$$

Le zèbre a _____ rayures.

6. Le phoque a mangé 85 poissons lundi et 55 poissons de moins mardi. Combien le phoque a-t-il mangé de poissons mardi?

$$\begin{array}{r} 85 \\ - 55 \\ \hline \end{array}$$

Le phoque a mangé _____ poissons mardi.

Exercice 14 ꩜ ꩜ ꩜ ꩜ ꩜ ꩜ ꩜ ꩜ ꩜ ꩜ ꩜ ꩜ ꩜ ꩜

Trouve la solution. Montre comment tu t'y es pris.

1. Zoé a vu 15 empreintes de pattes. Lydie a vu 13 empreintes de moins que Zoé. Combien Lydie a-t-elle vu d'empreintes?

   Lydie a vu _____ empreintes de pattes.

2. Mireille a vu 43 tortues. Marielle a vu 10 tortues de moins que Mireille. Combien Marielle a-t-elle vu de tortues?

   Marielle a vu _____ tortues.

3. Isaac a 22 cacahuètes. Paméla a 17 cacahuètes de plus qu'Isaac. Combien Paméla a-t-elle de cacahuètes?

   Pamela a _____ cacahuètes.

4. Patricia a 32 bandeaux. Cathy a 22 bandeaux de moins que Patricia. Combien Cathy a-t-elle de bandeaux?

   Cathy a _____ bandeaux.

5. Cynthia a fait 41 tours à dos de chameau. Caroline a fait 18 tours à dos de chameau. Combien les filles ont-elles fait de tours à dos de chameau en tout?

   Les filles ont fait _____ tours à dos de chameau.

6. Simon a donné 31 cacahuètes à manger au singe. Thomas a donné 24 cacahuètes à manger au singe. Combien le singe a-t-il mangé de cacahuètes?

   Le singe a mangé _____ cacahuètes.

Exercice 15 ᵔ ᵔ ᵔ ᵔ ᵔ ᵔ ᵔ ᵔ ᵔ ᵔ ᵔ ᵔ

Trouve la solution. Montre comment tu t'y es pris.

1. Il y avait 64 jujubes dans le pot. Maintenant, il reste seulement 22 jujubes. Combien de jujubes manque-t-il?

   Il manque _____ jujubes.

2. Marie-Pier a invité 99 amis à sa fête. Seulement 30 sont venus. Combien d'amis ne sont pas venus à sa fête?

   _____ amis ne sont pas venus à sa fête.

3. Jérémie a compté 96 étoiles lundi et seulement 26 mardi. Mardi, combien Jérémie a-t-il vu d'étoiles de moins que lundi?

   Mardi, Jérémie a vu _____ étoiles de moins que lundi.

4. Léo a préparé 30 petits gâteaux pour sa classe. Son chien a mangé 20 de ces petits gâteaux. Combien reste-t-il de petits gâteaux à Léo?

   Il reste _____ petits gâteaux à Léo.

5. Hansel a 75 bonbons. Il donne 35 bonbons à Gretel. Combien reste-t-il de bonbons à Hansel?

   Il reste _____ bonbons à Hansel.

6. Yvan a 14 cannettes de boisson gazeuse et 25 paquets de journaux. Combien d'objets à recycler Yvan a-t-il en tout?

   Yvan a _____ objets à recycler en tout.

Exercice 16

Lis le problème et transcris-le en phrase mathématique dans l'encadré. Trouve la somme.

1.

Au cirque, Sacha a vu 16 tigres et 27 singes. Combien a-t-il vu d'animaux en tout?

_____ + _____ = _____

2.

Quand Sandra est allée à la plage, elle a compté 28 étoiles de mer et 46 coquillages. Combien a-t-elle compté de choses en tout?

_____ + _____ = _____

3.

En un mois, Joseph mange 27 sandwichs et 23 pommes. Combien mange-t-il de choses en tout, en un mois?

_____ + _____ = _____

4.

À l'école, Émilie a fait 19 problèmes d'addition et 33 problèmes de soustraction. Combien a-t-elle fait de problèmes en tout?

_____ + _____ = _____

Exercice 17

Lis le problème et transcris-le en phrase mathématique dans l'encadré. Trouve la différence.

1.

À la ferme, M. Colin a récolté 93 boisseaux de blé. Son voisin, M. Dalpé, a récolté 68 boisseaux de blé. Quelle est la différence entre les deux?

_____ – _____ = _____

2.

Denis a marqué 43 points à la partie de basket-ball. Claire a marqué 27 points. Quelle est la différence entre les deux?

_____ – _____ = _____

3.

Zacharie a acheté une paire de chaussures à 53 $. Christian a acheté une paire de chaussures à 28 $. Quelle est la différence entre les deux?

_____ $ – _____ $ = _____ $

4.

Gilles a compté 83 fourmis dans la fourmilière. Jacques en a compté 65. Quelle est la différence entre les deux?

_____ – _____ = _____

Exercice 18 ᘒ ᘓ ᘒ ᘓ ᘒ ᘓ ᘒ ᘓ ᘒ ᘓ ᘒ ᘓ ᘒ ᘒ ᘓ

Trouve la solution. Montre comment tu t'y es pris.

1. Derek a 61 ballons. Si 19 de ces ballons éclatent, combien reste-t-il de ballons à Derek?

   Il reste _____ ballons à Derek.

2. Ma sœur Christine a 35 ans. J'ai 16 ans. Combien Christine a-t-elle d'années de plus que moi?

   Christine a _____ années de plus que moi.

3. Jérôme déballe des ampoules. Il y en 67. Si 19 de ces ampoules sont cassées, combien d'ampoules intactes reste-t-il?

   Il reste _____ ampoules intactes.

4. Lucie a besoin de 41 bougies. Il y a seulement 23 bougies. Combien manque-t-il de bougies à Lucie?

   Il manque _____ bougies à Lucie.

5. Eddy a 72 cerceaux violets et 19 cerceaux verts. Combien Eddy a-t-il de cerceaux en tout?

   Eddy a _____ cerceaux en tout.

6. Ariel a attrapé 38 insectes avec un filet et 64 insectes avec une boîte. Combien Ariel a-t-il attrapé d'insectes en tout?

   Ariel a attrapé _____ insectes en tout.

Exercice 19 ⟲ ⟲ ⟲ ⟲ ⟲ ⟲ ⟲ ⟲ ⟲ ⟲ ⟲ ⟲

Trouve la solution. Montre comment tu t'y es pris.

1. Mon cousin a 63 pièces de monnaie dans sa tirelire. J'ai 21 pièces de monnaie dans ma tirelire. Combien de pièces de monnaie avons-nous en tout?

Nous avons _____ pièces de monnaie en tout.

2. Béatrice a 23 ans. Son papa a 48 ans. Combien d'années cela fait-il quand on additionne leurs âges?

Cela fait _____ années.

3. En faisant le ménage de ma chambre, j'ai trouvé 36 chaussettes. J'en ai mis 14 au lavage. Combien reste-t-il de chaussettes dans ma chambre?

Il reste _____ chaussettes dans ma chambre.

4. À l'exposition ornithologique, il y a 71 oiseaux. Angélique a pu en voir seulement 46. Combien d'oiseaux Angélique n'a-t-elle pas pu voir?

Angélique n'a pas pu voir _____ oiseaux.

5. Les élèves ont fait 55 crêpes aux bleuets et 41 crêpes au babeurre. Combien ont-ils fait de crêpes en tout?

Ils ont fait _____ crêpes en tout.

6. Le gardien du zoo a 86 criquets dans un pot. Il donne 57 de ces criquets à manger à la tortue. Combien de criquets reste-t-il dans le pot du gardien?

Il reste _____ criquets dans le pot du gardien.

Exercice 20

Quand tu additionnes des nombres identiques, tu fais la même chose que si tu multipliais. Regarde les sacs de billes et réponds aux questions.

1. Combien y a-t-il de sacs? _____

   Combien y a-t-il de billes dans chaque sac? _____

   Combien y a-t-il de billes en tout, dans tous les sacs? _____

   On peut écrire une addition comme ceci :

   $$2 + 2 + 2 = 6$$

   Ou on peut écrire une multiplication comme ceci :

   $$3 \times 2 = 6$$

2. Combien y a-t-il de sacs? _____

   Combien y a-t-il de billes dans chaque sac? _____

   Combien y a-t-il de billes en tout, dans tous les sacs? _____

   Écris le problème sous forme d'addition.

   _____ + _____ = _____

   Écris le problème sous forme de multiplication.

   _____ x _____ = _____

Exercice 21 ೭ ◔ ೮ ◔ ೮ ◔ ೮ ◔ ೮ ◔ ೮ ◔ ೮ ◔ ೮ ◔ ೮ ◔ ೮ ◔ ೮

Utilise la multiplication pour trouver la solution.

1. Lola joue 3 tours et remporte 2 billes à chaque tour.

   3 x 2 = _____

   Lola a remporté _____ billes.

2. Mélissa joue 2 tours et remporte 4 billes à chaque tour.

   2 x 4 = _____

   Mélissa a remporté _____ billes.

3. Cassandre joue 5 tours et remporte 2 billes à chaque tour.

   5 x 2 = _____

   Cassandre a remporté _____ billes.

4. Mohammed joue 1 tour et remporte 2 billes.

   1 x 2 = _____

   Mohammed a remporté _____ billes.

5. Flavie joue 6 tours et remporte 2 billes à chaque tour.

   6 x 2 = _____

   Flavie a remporté _____ billes.

6. Isidore joue 2 tours et remporte 7 billes à chaque tour.

   2 x 7 = _____

   Isidore a remporté _____ billes.

Exercice 22 ⋑ ⥀ ⋑ ⥀ ⋑ ⥀ ⋑ ⥀ ⋑ ⥀ ⋑ ⥀ ⋑ ⥀

Utilise la multiplication pour trouver la solution. Montre comment tu t'y es pris.

1. Sébastien a 2 boîtes contenant 10 chapeaux chacune. Combien de chapeaux y a-t-il en tout?

   Il y a ___ chapeaux en tout.

2. Élisabeth a 4 porte-monnaie. Élisabeth a 3 pièces de monnaie dans chaque porte-monnaie. Combien de pièces de monnaie y a-t-il en tout?

   Il y a ___ pièces de monnaie en tout.

3. Sacha a 5 branches. Chaque branche a 2 bourgeons. Combien y a-t-il de bourgeons en tout.

   Il y a ___ bourgeons en tout.

4. Marie a 3 piles de 3 livres. Combien y a-t-il de livres en tout?

   Il y a ___ livres en tout.

5. Théodore a 4 bicyclettes. Chaque bicyclette a 2 roues. Combien y a-t-il de roues en tout?

   Il y a ___ roues en tout.

6. Gertrude a 2 boîtes. Dans chaque boîte, il y a 6 colliers. Combien y a-t-il de colliers en tout?

   Il y a ___ colliers en tout.

Exercice 23 ⟩ ❧ ⟩ ❧ ⟩ ❧ ⟩ ❧ ⟩ ❧ ⟩ ❧ ⟩ ❧ ⟩ ❧

Trouve la solution. Montre comment tu t'y es pris.

1. J'ai une tarte entière. Je la coupe en deux. Combien de morceaux de tarte y a-t-il maintenant?

Il y a ___ morceaux de tarte.

2. Roch commande une pizza. La pizza est coupée en 4 parts égales. Roch mange la moitié de la pizza. Combien Roch a-t-il mangé de parts de pizza?

Roch a mangé ___ parts de pizza.

3. Richard a 9 billes. Il en garde 1/3. Il en donne 1/3 à Sonia et 1/3 à Lili. Combien de billes ont-ils chacun?

Ils ont chacun ___ billes.

4. Marilyne a 5 maisons. Elle en vend 1/5. Combien de maisons lui reste-t-il?

Il reste ___ maisons à Marilyne.

Exercice 24

Noircis la portion du cercle correspondant à la fraction, puis trouve la solution.

1. Théodore a fait 2 tartes. Théodore mange 1/6 de la première tarte. Son frère Théophile mange 1/4 de l'autre tarte. Lequel des deux a mangé le plus de tarte?

   _____ a mangé le plus de tarte.

$\dfrac{1}{6}$ $\dfrac{1}{4}$

2. Yvonne a mangé 2/3 d'une pizza. Desdémone a mangé 2/4 d'une pizza. Laquelle des deux a mangé le plus de pizza?

   _____ a mangé le plus de pizza.

$\dfrac{2}{3}$ $\dfrac{2}{4}$

3. Charles a attrapé 4 balles sur 5 lancers. Christian a attrapé 4 balles sur 9 lancers. Lequel des deux a eu le meilleur taux de réussite en attrapant les balles?

   _____ a eu le meilleur taux de réussite.

$\dfrac{4}{5}$ $\dfrac{4}{9}$

4. Babette a épelé correctement 6 mots sur 7. Colette a épelé correctement 1 mot sur 6. Laquelle a eu le meilleur taux de réussite au concours d'épellation?

   _____ a eu le meilleur taux de réussite.

$\dfrac{6}{7}$ $\dfrac{1}{6}$

5. Au basket-ball, Cori a lancé le ballon 8 fois avant de réussir 1 panier. Danny a lancé le ballon 2 fois avant de réussir 1 panier. Lequel des deux a eu le meilleur taux de réussite?

   _____ a eu le meilleur taux de réussite.

$\dfrac{1}{8}$ $\dfrac{1}{2}$

Exercice 25 ⟡ ⟡ ⟡ ⟡ ⟡ ⟡ ⟡ ⟡ ⟡ ⟡ ⟡ ⟡ ⟡

Trouve la solution.

1. La partie a commencé à 6 h et a duré 45 minutes. À quelle heure la partie s'est-elle terminée?

   Indique l'heure sur l'horloge.

2. La famille de Lyne s'en va en pique-nique. Ils partent à 11 h et arrivent 30 minutes plus tard. À quelle heure sont-ils arrivés?

   Indique l'heure sur l'horloge.

   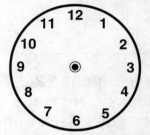

3. Luc fait ses devoirs une heure après le souper. S'il soupe à 18 h 30, à quelle heure commence-t-il ses devoirs?

   Encercle la bonne réponse.

   17 h 30   19 h 30

4. Rachel dîne tous les jours à midi. À quelle heure Rachel dîne-t-elle?

   Encercle la bonne réponse.

   11 h   12 h

5. Suzanne arrive de l'école à 16 h. Si elle soupe 2 heures plus tard, à quelle heure Suzanne soupe-t-elle?

   Écris l'heure.

   _____ h

6. Sandra est arrivée à l'école à 19 h 30, pour la danse du vendredi soir. Elle est rentrée chez elle 3 heures plus tard. À quelle heure Sandra est-elle rentrée?

   Écris l'heure.

   _____ h

Exercice 26

Encercle la bonne réponse. Utilise l'horloge pour t'aider.

1. Shirley doit marcher 1/2 heure pour se rendre à l'école. Elle quitte la maison à 8 h. À quelle heure arrive-t-elle à l'école?

   8 h 30   8 h 45

2. Justin commence ses exercices de réchauffement à 15 h 30. Il les termine 15 minutes plus tard. À quelle heure Justin termine-t-il ses exercices?

   15 h 30   15 h 45

3. Samantha ramasse des feuilles pendant 15 minutes. Elle termine à 17 h 45. À quelle heure Samantha a-t-elle commencé à ramasser des feuilles?

   17 h 30   17 h 15

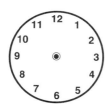

4. Il faut 1/2 heure à Benoît pour laver son auto. Il termine à 14 h 45. À quelle heure a-t-il commencé à laver son auto?

   14 h 30   14 h 15

5. Shalom commence le ménage de sa chambre à 7 h. Elle termine 15 minutes plus tard. À quelle heure Shalom a-t-elle terminé le ménage?

   7 h 45   7 h 15

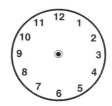

6. Robert commence à préparer le souper à 16 h 15. Il lui faut 1/2 heure pour tout préparer. À quelle heure le souper est-il prêt?

   16 h 15   16 h 45

Exercice 27 ◐ ◐ ◐ ◐ ◐ ◐ ◐ ◐ ◐ ◐ ◐ ◐ ◐ ◐

Trouve la solution.

1. Sabine paie 29 ¢ pour de la gomme à mâcher et 30 ¢ pour des bonbons. Combien a-t-elle dépensé en tout?

   Sabine a dépensé _____ ¢ en tout.

2. Bobby a 25 ¢. Il gagne 10 ¢ en ramassant des feuilles mortes. Combien Bobby a-t-il en tout?

   Bobby a _____ ¢ en tout.

3. Raymond a 45 ¢. Il dépense 15 ¢ pour acheter un jouet. Combien lui reste-t-il?

   Il reste _____ ¢ à Raymond.

4. Déborah a 95 ¢. Elle dépense 85 ¢ pour acheter un jouet à son chat. Combien lui reste-t-il?

   Il reste _____ ¢ à Déborah.

5. Bernard a 35 ¢ dans son porte-monnaie. Il dépose 20 ¢ dans son compte en banque. Combien reste-t-il dans son porte-monnaie?

   Il reste _____ ¢ à Bernard.

6. Cédric a 90 ¢. Il donne 60 ¢ à son frère. Combien lui reste-t-il?

   Il reste _____ ¢ à Cédric.

Exercice 28 ⟳ ⟲ ⟳ ⟲ ⟳ ⟲ ⟳ ⟲ ⟳ ⟲ ⟳ ⟳ ⟲

Trouve la solution.

1. Jean a 3 pièces de 10 ¢.
   Combien a-t-il en tout? A-t-il
   assez d'argent pour acheter un
   bonbon à 25 ¢?

   Jean a _____ ¢

   oui   non

2. François a 1 pièce de 25 ¢, 1
   pièce de 10 ¢ et 1 pièce de 1 ¢.
   Combien a-t-il en tout? A-t-il assez
   d'argent pour acheter un biscuit
   à 50 ¢?

   François a _____ ¢

   oui   non

3. J'ai 25 ¢. Combien de pièces de
   5 ¢ faut-il pour faire 25 ¢?

   Il faut _____ pièces de 5 ¢
   pour faire 25 ¢.

4. J'ai 25 ¢. Combien de pièces
   de 1 ¢ faut-il pour faire 25 ¢?

   Il faut _____ pièces de 1 ¢
   pour faire 25 ¢.

5. Jules a 34 ¢ dans sa poche. Si
   21 ¢ tombent par un trou au
   fond de sa poche, combien lui
   reste-t-il?

   Il reste _____ ¢ à Jules.

6. Esméralda a 95 ¢ dans sa boîte
   à goûter. Elle donne 14 ¢ à son
   amie. Combien lui reste-t-il
   dans sa boîte à goûter?

   Il lui reste _____ ¢ dans sa
   boîte à goûter.

Exercice 29 ❥ ❥ ❥ ❥ ❥ ❥ ❥ ❥ ❥ ❥ ❥ ❥ ❥ ❥

Trouve la solution. Montre comment tu t'y es pris.

1. Hélène a gagné 75 ¢ en lavant l'auto. Elle dépose 50 ¢ dans sa tirelire. Combien lui reste-t-il?

Il reste _____ ¢ à Hélène.

2. La grand-maman de Valérie lui donne 95 ¢. Valérie dépense 50 ¢ pour acheter un livre. Combien lui reste-t-il?

Il reste _____ ¢ à Valérie.

3. Christine a gagné 85 ¢ en nettoyant la piscine. Elle achète un jouet pour jouer dans l'eau, à 73 ¢. Combien lui reste-t-il?

Il reste _____ ¢ à Christine.

4. Maman a 85 ¢ dans son porte-monnaie. Elle dépense 50 ¢ pour acheter une bouteille de jus. Combien lui reste-t-il?

Il reste _____ ¢ à maman.

5. Mia dépense 55 ¢ pour acheter du maïs soufflé et 20 ¢ pour de la gomme à mâcher. Combien Mia a-t-elle dépensé en tout?

Mia a dépensé _____ ¢ en tout.

6. Elvis achète une gomme à effacer à 45 ¢ et un crayon à 20 ¢. Combien Elvis a-t-il dépensé en tout?

Elvis a dépensé _____ ¢ en tout.

Exercice 30 ⟢ ⟣ ⟢ ⟣ ⟢ ⟣ ⟢ ⟣ ⟢ ⟣ ⟢ ⟣ ⟢ ⟣ ⟢

Trouve la solution.

1. Marcia a 4 pièces de monnaie dans sa poche. Ensemble, elles font un total de 8 ¢. Quelles pièces de monnaie Marcia a-t-elle dans sa poche?

   Marcia a _____

   _____.

2. Joël a 3 pièces de monnaie dans sa poche. Ensemble, elles font un total de 20 ¢. Quelles pièces de monnaie Joël a-t-il dans sa poche?

   Joël a _____

   _____.

3. Coralie a 5 pièces de monnaie dans sa poche. Ensemble, elles font un total de 25 ¢. Quelles pièces de monnaie Coralie a-t-elle dans sa poche?

   Coralie a _____

   _____.

4. Léon a 6 pièces de monnaie dans sa poche. Ensemble, elles font un total de 32 ¢. Deux des pièces sont des pièces de 10 ¢. Quelles sont les 4 autres pièces?

   Les 4 autres pièces sont _____

   _____.

5. Élisa a 6 pièces de monnaie dans sa poche. Ensemble, elles font un total de 23 ¢. Deux des pièces sont des pièces de 5 ¢. Quelles sont les 4 autres pièces?

   Les 4 autres pièces sont _____

   _____.

6. Rémi a 2 pièces de monnaie dans sa poche. Ensemble, elles font un total de 11 ¢. Quelles pièces de monnaie Rémi a-t-il dans sa poche?

   Rémi a _____

   _____.

Exercice 31 ➷ ☻ ➷ ☻ ➷ ☻ ➷ ☻ ➷ ☻ ➷ ☻ ➷ ☻ ➷ ☻

Écris la soustraction, puis trouve la solution.

42,16 $	51,37 $	10,48 $	30,66 $	24,79 $	11,06 $

1. Rose a 52,20 $. Elle achète une carpette.
   Combien lui reste-t-il?

        52,20 $
   − 42,16 $

   Il lui reste _____.

---

2. Théo a 79,50 $. Il achète un sofa. Combien
   lui reste-t-il?

   ___ ___,___ ___ $
   − ___ ___,___ ___ $

   ___ ___,___ ___ $

   Il lui reste _____.

---

3. Thomas a 11,75 $. Il achète une lampe.
   Combien lui reste-t-il?

   ___ ___,___ ___ $
   − ___ ___,___ ___ $

   ___ ___,___ ___ $

   Il lui reste _____.

---

4. Marine a 38,95 $. Elle achète un téléviseur.
   Combien lui reste-t-il?

   ___ ___,___ ___ $
   − ___ ___,___ ___ $

   ___ ___,___ ___ $

   Il lui reste _____.

---

5. Maurice a 86,93 $. Il achète une table.
   Combien lui reste-t-il?

   ___ ___,___ ___ $
   − ___ ___,___ ___ $

   ___ ___,___ ___ $

   Il lui reste _____.

---

6. Suzanne a 13,10 $. Elle achète un fauteuil.
   Combien lui reste-t-il?

   ___ ___,___ ___ $
   − ___ ___,___ ___ $

   ___ ___,___ ___ $

   Il lui reste _____.

Exercice 32 ୭ ☺ ୭ ☺ ୭ ☺ ୭ ☺ ୭ ☺ ୭ ☺ ୭ ☺

Noircis le cercle correspondant à la bonne réponse.

1. Richard choisit un nombre dans sa tête.
   Ce nombre a un 9 à la place des unités
   et un 4 à la place des centaines. Quel
   nombre Richard a-t-il choisi?

   934   349   409
   ○   ○   ○

2. Margot choisit un nombre dans sa tête.
   Ce nombre a un 8 à la place des
   dizaines et un 8 à la place des
   centaines. Quel nombre Margot a-t-elle
   choisi?

   883   838   388
   ○   ○   ○

3. Jacques choisit un nombre dans sa
   tête. Ce nombre a un 9 à la place des
   dizaines et un 1 à la place des unités.
   Quel nombre Jacques a-t-il choisi?

   219   291   912
   ○   ○   ○

4. Céline choisit un nombre dans sa tête.
   Ce nombre a un 5 à la place des
   centaines et un 4 à la place des
   dizaines. Quel nombre Céline a-t-elle
   choisi?

   745   457   547
   ○   ○   ○

5. Alex choisit un nombre dans sa tête. Ce
   nombre a un 2 à la place des dizaines
   et un 2 à la place des unités. Quel
   nombre Alex a-t-il choisi?

   262   622   226
   ○   ○   ○

> (plus grand que) et < (plus petit que)

Exercice 33

Utilise le signe > (plus grand que) ou le signe < (plus petit que), puis trouve la solution.

1. Martin a 659 billets. Michèle a 337 billets. Qui a le plus de billets?

659 ◯ 337

_____ a le plus de billets.

2. Aline a 120 cartes. Édith a 562 cartes. Qui a le plus de cartes?

120 ◯ 562

_____ a le plus de cartes.

3. Pierre a attrapé 261 papillons. Paule a attrapé 892 papillons. Qui a attrapé le plus de papillons?

261 ◯ 892

_____ a attrapé le plus de papillons.

4. Isabelle a compté 443 oiseaux. Stéphane a compté 434 oiseaux. Qui a compté le plus d'oiseaux?

443 ◯ 434

_____ a compté le plus d'oiseaux.

5. Ronald a trouvé 516 pièces de 1 ¢. Barbara a trouvé 798 pièces de 1 ¢. Qui a trouvé le plus de pièces de 1 ¢?

516 ◯ 798

_____ a trouvé le plus de pièces de 1 ¢.

6. Rébecca a cousu 185 boutons. Jasmine a cousu 981 boutons. Qui a cousu le plus de boutons?

185 ◯ 981

_____ a cousu le plus de boutons.

7. Marc a fabriqué 429 paniers. Marie a fabriqué 451 paniers. Qui a fabriqué le plus de paniers?

429 ◯ 451

_____ a fabriqué le plus de paniers.

8. Zoé a ramassé 382 coquillages. Zacharie a ramassé 665 coquillages. Qui a ramassé le plus de coquillages?

382 ◯ 665

_____ a ramassé le plus de coquillages.

Exercice 34 ೨ ೮ ೨ ೮ ೨ ೮ ೨ ೮ ೨ ೮ ೨ ೮ ೨ ೨ ೮

Noircis le cercle correspondant à la bonne réponse.

1. Geoffroy a 4 $ pour acheter 2 bouteilles de ketchup pour le pique-nique de sa classe. Une bouteille de ketchup coûte 1,20 $. Combien lui reste-t-il après avoir acheté le ketchup?

   ◯ 1,20 $ ◯ 2,40 $
   ◯ 1,60 $ ◯ 2,60 $

2. Danièle a 22 cartes de sport. Elle a 7 cartes de baseball et 8 cartes de football. Le reste des cartes sont des cartes de soccer. Combien de cartes de soccer Danièle a-t-elle?

   ◯ 7   ◯ 8
   ◯ 14   ◯ 15

3. Keiko a fabriqué 17 grenouilles en origami. Elle en donne 5 à Line et 3 à Marie. Combien de grenouilles reste-t-il à Keiko?

   ◯ 3   ◯ 5
   ◯ 8   ◯ 9

4. Grégoire reçoit 5 $ d'allocation par semaine, et Véronique reçoit 4 $ par semaine. En 4 semaines, combien Grégoire reçoit-il de plus que Véronique?

   ◯ 5 $ ◯ 3 $
   ◯ 4 $ ◯ 2 $

5. Marilyne et sa famille partent en vacances pour 14 jours. Ils passent 5 jours en Allemagne, 4 jours en Italie et passent le reste des vacances en France. Combien de jours passent-ils en France?

   ◯ 10   ◯ 5
   ◯ 9   ◯ 4

6. Xavier a mis 50 $ de côté pour acheter des vêtements neufs pour l'école. Il achète une chemise à 14 $ et un jean à 12 $. Combien lui reste-t-il pour acheter des chaussures?

   ◯ 24 $ ◯ 38 $
   ◯ 36 $ ◯ 20 $

Exercice 35

Lis les indices. Raye les renseignements qui ne t'aident pas à trouver la solution.
Écris l'adresse de la maison de chaque élève sur la ligne.

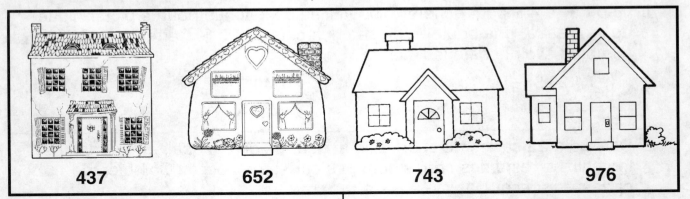

437	**652**	**743**	**976**

La maison de Raoul

- Raoul habite dans une maison brune.

- Dans son adresse, il y a les chiffres 3 et 7.

- Sa maison a le plus petit numéro.

 Raoul habite au
_____ .

La maison de Suzie

- Le numéro de l'adresse de Suzie n'est pas le plus grand de la rue.

- La maison de Suzie est la plus jolie.

- Dans l'adresse de la maison de Suzie, il y a le chiffre 6.

 Suzie habite au
_____ .

La maison de Bobby

- Dans l'adresse de la maison de Bobby, il y a le chiffre 7.

- Le numéro de l'adresse de Bobby n'est pas le plus grand de la rue.

- Bobby adore sa maison.

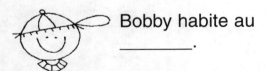 Bobby habite au
_____ .

La maison de Marie

- Dans l'adresse de la maison de Marie, il n'y a pas le chiffre 3.

- La maison de Marie est vraiment très grande.

- Dans l'adresse de la maison de Marie, il y a le chiffre 7 à la place des dizaines.

Marie habite au
_____ .

Exercice 36

Utilise la ligne numérique pour t'aider à trouver la bonne réponse.

1. Marielle a compté 9 chèvres. Annie a compté 5 chèvres de plus que Marielle. Combien Annie a-t-elle compté de chèvres en tout?

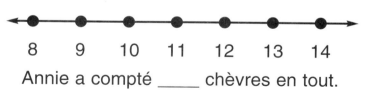

Annie a compté _____ chèvres en tout.

2. Grégoire a compté 11 vaches rousses et 4 vaches brunes. Combien Grégoire a-t-il compté de vaches en tout?

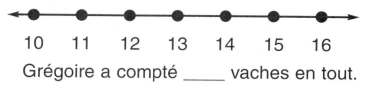

Grégoire a compté _____ vaches en tout.

3. Ambroise a compté 10 brebis et 6 agneaux. Combien Ambroise a-t-il compté de moutons en tout?

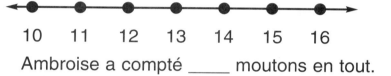

Ambroise a compté _____ moutons en tout.

4. Sheila a 15 cochons. Elle en vend 4 à la foire du village. Combien reste-t-il de cochons à Sheila?

Il reste _____ cochons à Sheila.

5. Robert a 17 poneys. Il y en a 3 qui sont bruns. Les autres sont noirs. Combien Robert a-t-il de poneys noirs?

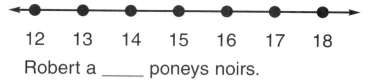

Robert a _____ poneys noirs.

6. Margot a 16 chèvres. Adèle a 2 chèvres de moins que Margot. Combien Adèle a-t-elle de chèvres?

Adèle a _____ chèvres.

Révision 1

Consigne : Noircis le cercle correspondant à la bonne réponse.

Exemple

Mme Tremblay a planté 6 rosiers à fleurs roses et 5 rosiers à fleurs blanches dans son jardin. Laquelle des 4 phrases mathématiques t'aide à trouver combien Mme Tremblay a planté de rosiers en tout?

- (A) $5 + 1 = 6$
- (B) $6 - 1 = 5$
- (C) $6 - 5 = 1$
- (D) $6 + 5 = 11$

1. Marie achète 5 barres de chocolat lundi. Mercredi, elle en achète 3 autres. Combien Marie a-t-elle acheté de barres de chocolat en tout?
   - (A) 2
   - (B) 5
   - (C) 3
   - (D) 8

2. Ronald a 5 cartes de baseball, 7 cartes de football et 2 cartes de soccer. Combien Ronald a-t-il de cartes en tout?
   - (A) 7
   - (B) 12
   - (C) 9
   - (D) 14

3. Line et Josée jouent aux échecs. Line remporte 6 parties et Josée remporte 4 parties. Combien ont-elles joué de parties en tout?
   - (A) 10
   - (B) 4
   - (C) 6
   - (D) 2

4. Au pavillon des reptiles du jardin zoologique, il y a 11 lézards, 25 serpents et 7 tortues. Combien y a-t-il de reptiles en tout?
   - (A) 34
   - (B) 36
   - (C) 43
   - (D) 32

5. Auguste achète 2 billets de théâtre. Chaque billet coûte 4 $. Laquelle des 4 phrases mathématiques t'aide à trouver combien Auguste a dépensé en tout?
   - (A) $2\ \$ + 4\ \$ = 6\ \$$
   - (B) $6\ \$ - 4\ \$ = 2\ \$$
   - (C) $4\ \$ + 4\ \$ = 8\ \$$
   - (D) $8\ \$ - 4\ \$ = 4\ \$$

6. Ce matin, il y avait 7 corneilles perchées dans l'arbre. Cet après-midi, 8 autres corneilles sont venues les rejoindre. Combien y a-t-il de corneilles en tout, dans l'arbre?
   - (A) 7
   - (B) 15
   - (C) 8
   - (D) 16

Révision 2

Consigne : Noircis le cercle correspondant à la bonne réponse.

Exemple

Du côté est de la rue des Érables, il y a 12 maisons. Du côté ouest, il y a 9 maisons. Combien de maisons y a-t-il de plus du côté est que du côté ouest?

- (A) 12
- (B) 3
- (C) 9
- (D) 5

---

1. Dimanche, 35 enfants sont allés jouer au parc, puis 14 sont rentrés chez eux. Combien est-il resté d'enfants au parc?

- (A) 21
- (B) 11
- (C) 49
- (D) 14

---

2. Jérémie a acheté un bâton de baseball pour 13 $. Il a payé avec un billet de 20 $. Combien lui a-t-on rendu?

- (A) 4 $
- (B) 6 $
- (C) 5 $
- (D) 7 $

---

3. Frédéric a décoré 24 œufs de Pâques. Il en a peint 12 en jaune et 12 en bleu. Il en a donné 18 à ses amis. Laquelle des 4 phrases mathématiques t'aide à trouver combien il lui est resté d'œufs?

- (A) 24 + 18 = 42
- (B) 24 − 12 = 12
- (C) 24 − 18 = 6
- (D) 18 − 12 = 6

---

4. Marthe a mis la table pour 9 personnes. Seulement 7 personnes ont pu venir. Combien de couverts Marthe a-t-elle dû ôter de la table?

- (A) 2
- (B) 5
- (C) 7
- (D) 9

---

5. Un groupe de 12 personnes a prévu prendre ses billets au guichet, le soir même du grand match final. Seulement 8 personnes ont réussi à s'y rendre. Combien est-il resté de billets au guichet?

- (A) 12
- (B) 5
- (C) 8
- (D) 4

---

6. À l'école, 55 étudiants se sont présentés pour jouer dans la pièce de théâtre. Seulement 33 étudiants ont obtenu un rôle. Laquelle des 4 phrases mathématiques t'aide à trouver combien d'étudiants n'ont pas obtenu de rôle?

- (A) 55 + 33 = 88
- (B) 33 + 33 = 66
- (C) 55 − 33 = 22
- (D) 55 − 10 = 45

Révision 3

Consigne : Fais chaque multiplication. Noircis le cercle correspondant à la bonne réponse.

Exemple

M. Gagnon donne des barres de chocolat à François, Philomène et Josée. Il leur en donne 2 chacun. Combien a-t-il donné de barres de chocolat en tout?

Ⓐ 2
Ⓑ 3
Ⓒ 6
Ⓓ 12

François

Philomène

Josée

---

1. Mme Laframboise, la secrétaire de l'école, a aiguisé des crayons neufs. Elle a mis 4 crayons dans chacun des 3 pots à crayons. Elle a déposé un pot sur le bureau du directeur, un pot sur le bureau de l'infirmière et un pot sur son propre bureau. Lequel des 4 dessins représente le bon nombre de pots avec le bon nombre de crayons?

Ⓐ

Ⓒ

Ⓑ

Ⓓ

---

2. Il faut 4 tasses de jus de fruits pour remplir un pichet. Babette veut remplir 3 pichets de jus de fruits. Combien de tasses de jus de fruits lui faut-il?

    =

Ⓐ 4 tasses
Ⓑ 10 tasses

Ⓒ 8 tasses
Ⓓ 12 tasses

---

3. Lulu et Lili ont décoré 6 œufs chacune. Elles veulent les présenter ensemble dans le même plateau. Lequel des 4 dessins représente le plateau qu'il leur faut?

Ⓐ

Ⓒ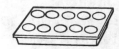

Ⓑ

Ⓓ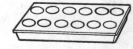

Révision 4

Consigne : Noircis le cercle correspondant à la bonne réponse.

1. Marc a 9 petites voitures. Il en garde 1/3. Il en donne 1/3 à Antoine et 1/3 à Benoît. Combien de petites voitures ont-ils chacun?

(A) 1   (B) 2   (C) 3   (D) 4

2. Jonathan a 5 disques. Il en vend 1/5. Combien de disques lui reste-t-il?

(A) 4   (B) 3   (C) 2   (D) 1

3. Lorraine rentre du travail à 17 h. Elle soupe deux heures plus tard. À quelle heure Lorraine soupe-t-elle?

(A) 17 h 30   (B) 18 h   (C) 18 h 30   (D) 19 h

4. Samedi soir, Stéphane est allé au cinéma à 19 h 30. Il est revenu chez lui 3 heures plus tard. À quelle heure Stéphane est-il rentré?

(A) 21 h 30   (B) 22 h   (C) 22 h 30   (D) 23 h

5. Diane commence son entraînement de soccer à 14 h 30 et termine 15 minutes plus tard. À quelle heure Diane termine-t-elle son entraînement de soccer?

(A) 14 h 15   (B) 13 h 45   (C) 14 h 45   (D) 15 h

6. Bobby s'exerce à la guitare pendant 1/2 heure tous les jours. Si Bobby doit terminer pour 16 h 45, à quelle heure doit-il commencer au plus tard à s'exercer à la guitare?

(A) 16 h 30   (B) 16 h 15   (C) 15 h 30   (D) 15 h 15

Révision 5

Consigne : Noircis le cercle correspondant à la bonne réponse.

1. Sarah paie 63 ¢ pour une figurine et 23 ¢ pour un crayon. Combien Sarah a-t-elle dépensé en tout?

Ⓐ 40 ¢   Ⓑ 80 ¢   Ⓒ 68 ¢   Ⓓ 86 ¢

2. Geoffroy a 75 ¢. Il achète une barre de chocolat pour 54 ¢. Combien lui reste-t-il?

Ⓐ 25 ¢   Ⓑ 21 ¢   Ⓒ 12 ¢   Ⓓ 29 ¢

3. Jacques a 2 pièces de monnaie dans sa poche. Ensemble, elles font un total de 15 ¢. Quelles pièces de monnaie Jacques a-t-il dans sa poches?

Ⓐ   Ⓑ   Ⓒ   Ⓓ

4. Barbara a 3 pièces de monnaie dans sa poche. Ensemble, elles font un total de 25 ¢. Quelles pièces de monnaie Barbara a-t-elle dans sa poche?

Ⓐ   Ⓑ   Ⓒ   Ⓓ

5. Pierre a 76,43 $. Il achète une table qui lui coûte 45,31 $. Combien lui reste-t-il?

Ⓐ 121,74 $ Ⓑ 31,74 $ Ⓒ 31,12 $ Ⓓ 31,21 $

6. Jocelyne a 15,12 $. Elle achète un fauteuil qui lui coûte 11,06 $. Combien lui reste-t-il?

Ⓐ 4,06 $ Ⓑ 26,18 $ Ⓒ 4,18 $ Ⓓ 4,60 $

Révision 6

Consigne : Noircis le cercle correspondant à la bonne réponse.

1. Johanne choisit un nombre dans sa tête. Ce nombre a un 7 à la place des centaines et un 4 à la place des dizaines. Quel nombre Johanne a-t-elle choisi?

   (A) 745   (B) 457   (C) 547   (D) 574

2. Raphaël choisit un nombre dans sa tête. Ce nombre a un 3 à la place des dizaines et un 3 à la place des unités. Quel nombre Raphaël a-t-il choisi?

   (A) 63   (B) 633   (C) 336   (D) 636

3. Raye les renseignements non pertinents, puis trouve la solution.

   Jade a 6 amies. Chaque amie a 2 biscuits. Ses amies aiment les biscuits. Combien de biscuits ont-elles en tout?

   (A) 11   (B) 12   (C) 8   (D) 4

4. Raye les renseignements non pertinents, puis trouve la solution.

   Jacob a 20 masques. Il en vend 12 à la foire du village. Son masque préféré est vert. Combien de masques lui reste-t-il?

   (A) 6   (B) 32   (C) 12   (D) 8

5. Louis a compté 8 bonbons. Éric a compté 5 bonbons de plus que Louis. Combien Éric a-t-il compté de bonbons en tout?

   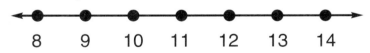

   (A) 12   (B) 13   (C) 11   (D) 14

6. Paul a compté 11 voitures rouges et 4 voitures brunes. Combien Paul a-t-il compté de voitures en tout?

   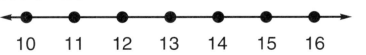

   (A) 13   (B) 14   (C) 16   (D) 15

Feuille-réponse

Révision 1 (page 40)	Révision 2 (page 41)	Révision 3 (page 42)
Exemple	**Exemple**	**Exemple**
Ⓐ Ⓑ Ⓒ Ⓓ	Ⓐ Ⓑ Ⓒ Ⓓ	Ⓐ Ⓑ Ⓒ Ⓓ
1. Ⓐ Ⓑ Ⓒ Ⓓ	1. Ⓐ Ⓑ Ⓒ Ⓓ	1. Ⓐ Ⓑ Ⓒ Ⓓ
2. Ⓐ Ⓑ Ⓒ Ⓓ	2. Ⓐ Ⓑ Ⓒ Ⓓ	2. Ⓐ Ⓑ Ⓒ Ⓓ
3. Ⓐ Ⓑ Ⓒ Ⓓ	3. Ⓐ Ⓑ Ⓒ Ⓓ	3. Ⓐ Ⓑ Ⓒ Ⓓ
4. Ⓐ Ⓑ Ⓒ Ⓓ	4. Ⓐ Ⓑ Ⓒ Ⓓ	
5. Ⓐ Ⓑ Ⓒ Ⓓ	5. Ⓐ Ⓑ Ⓒ Ⓓ	
6. Ⓐ Ⓑ Ⓒ Ⓓ	6. Ⓐ Ⓑ Ⓒ Ⓓ	

Révision 4 (page 43)	Révision 5 (page 44)	Révision 6 (page 45)
1. Ⓐ Ⓑ Ⓒ Ⓓ	1. Ⓐ Ⓑ Ⓒ Ⓓ	1. Ⓐ Ⓑ Ⓒ Ⓓ
2. Ⓐ Ⓑ Ⓒ Ⓓ	2. Ⓐ Ⓑ Ⓒ Ⓓ	2. Ⓐ Ⓑ Ⓒ Ⓓ
3. Ⓐ Ⓑ Ⓒ Ⓓ	3. Ⓐ Ⓑ Ⓒ Ⓓ	3. Ⓐ Ⓑ Ⓒ Ⓓ
4. Ⓐ Ⓑ Ⓒ Ⓓ	4. Ⓐ Ⓑ Ⓒ Ⓓ	4. Ⓐ Ⓑ Ⓒ Ⓓ
5. Ⓐ Ⓑ Ⓒ Ⓓ	5. Ⓐ Ⓑ Ⓒ Ⓓ	5. Ⓐ Ⓑ Ⓒ Ⓓ
6. Ⓐ Ⓑ Ⓒ Ⓓ	6. Ⓐ Ⓑ Ⓒ Ⓓ	6. Ⓐ Ⓑ Ⓒ Ⓓ

Corrigé

Page 4

1. 2
2. 4
3. 2
4. 9
5. 5
6. 3

Page 5

1. 9
2. 9
3. 6
4. 10
5. 3
6. 7

Page 6

1. 14
2. 11
3. 6
4. 8
5. 9
6. 11

Page 7

1. 14
2. 15
3. 6
4. 5
5. 16
6. 4

Page 8

1. $12 - 6 = 6$
2. $11 + 5 = 16$
3. $7 + 6 = 13$
4. $10 + 8 = 18$
5. $15 - 6 = 9$
6. $16 - 3 = 13$

Page 9

1. 10
2. 14
3. 5
4. 9
5. 14
6. 6

Page 10

1. 8
2. 18
3. 7
4. 9
5. 6
6. 5

Page 11

1. 8
2. 10
3. 18
4. 6
5. 16
6. 15

Page 12

1. 17
2. 15
3. 16
4. 14
5. 0
6. 16

Page 13

1. 15
2. 14
3. 14
4. 13
5. 8
6. 12

Page 14

1. $1 + 3 + 5 = 9$
2. $1 + 8 + 10 = 19$
3. $7 + 7 + 5 = 19$
4. $3 + 2 + 5 = 10$

Page 15

1. 10
2. 7
3. 11
4. 10
5. 8
6. 13

Page 16

1. 90
2. 32
3. 35
4. 55
5. 55
6. 30

Page 17

1. 2
2. 33
3. 39
4. 10
5. 59
6. 55

Page 18

1. 42
2. 69
3. 70
4. 10
5. 40
6. 39

Page 19

1. $16 + 27 = 43$
2. $28 + 46 = 74$
3. $27 + 23 = 50$
4. $19 + 33 = 52$

Page 20

1. $93 - 68 = 25$
2. $43 - 27 = 16$
3. 53 $ - 28 $ = 25 $
4. $83 - 65 = 18$

Page 21

1. 42
2. 19
3. 48
4. 18
5. 91
6. 102

Page 22

1. 84
2. 71
3. 22
4. 25
5. 96
6. 29

Page 23

1. 3, 2, 6
2. 2, 4, 8, 4 + 4 = 8, 4 x 2 = 8

Page 24

1. 6
2. 8
3. 10
4. 2
5. 12
6. 14

Page 25

1. 20
2. 12
3. 10
4. 9
5. 8
6. 12

Page 26

1. 2
2. 2
3. 3
4. 4

Page 27

1. Théophile
2. Yvonne
3. Charles
4. Babette
5. Danny

Corrigé *(suite)*

Page 28

1.

2.

3. 19 h 30
4. 12 h
5. 18 h
6. 22 h 30

Page 29

1. 8 h 30
2. 15 h 45
3. 17 h 30
4. 14 h 15
5. 7 h 15
6. 16 h 45

Page 30

1. 59 ¢
2. 35 ¢
3. 30 ¢
4. 10 ¢
5. 15 ¢
6. 30 ¢

Page 31

1. 30 ¢, oui
2. 36 ¢, non
3. 5
4. 25
5. 13 ¢
6. 81 ¢

Page 32

1. 25 ¢
2. 45 ¢
3. 12 ¢
4. 35 ¢
5. 75 ¢
6. 65 ¢

Page 33

1. Une pièce de 5 ¢, 3 pièces de 1 ¢
2. Deux pièces de 5 ¢, une pièce de 10 ¢
3. Cinq pièces de 5 ¢
4. Deux pièces de 5 ¢, 2 pièces de 1 ¢
5. Une pièce de 10 ¢, 3 pièces de 1 ¢
6. Une pièce de 1 ¢, une pièce de 10 ¢

Page 34

1. 52,20 $ - 42,16 $ = 10,04 $
2. 79,50 $ - 51,37 $ = 28,13 $
3. 11,75 $ - 10,48 $ = 1,27 $
4. 38,95 $ - 30,66 $ = 8,29 $
5. 86,93 $ - 24,79 $ = 62,14 $
6. 13,10 $ - 11,06 $ = 2,04 $

Page 35

1. 409
2. 883
3. 291
4. 547
5. 622

Page 36

1. >, Martin
2. <, Édith
3. <, Paule
4. >, Isabelle
5. <, Barbara
6. <, Jasmine
7. <, Marie
8. <, Zackarie

Page 37

1. 1,60 $
2. 7
3. 9
4. 4 $
5. 5
6. 24 $

Page 38

La maison de Raoul : 437
 Rayer : Raoul habite dans une maison brune.

La maison de Suzie : 652
 Rayer : La maison de Suzie est la plus jolie.

La maison de Bobby : 743
 Rayer : Bobby adore sa maison.

La maison de Marie : 976
 Rayer : La maison de Marie est vraiment très grande.

Page 39

1. 14
2. 15
3. 16
4. 11
5. 14
6. 14

Page 40

Exemple : D
1. D
2. D
3. A
4. C
5. C
6. B

Page 41

Exemple : B
1. A   2. D   3. C   4. A   5. D   6. C

Page 42

Exemple : C
1. B   2. D   3. D

Page 43

1. C   2. A   3. D   4. C   5. C   6. B

Page 44

1. D
2. B
3. C
4. A
5. C
6. A

Page 45

1. A   2. B
3. B Rayer : Ses amies aiment les biscuits.
4. D Rayer : Son masque préféré est vert.
5. B   6. D